OTTO HOPHAN

JUDAS ISCARIOTES

3ª edição

Tradução
Roberto Vidal da Silva Martins

QUADRANTE

São Paulo
2023

Título original
Die Apostel. Judas Ischarioth, de Otto Hophan
Judas e Pedro, de Rafael Stanziona de Moraes

Copyright © 1996 Quadrante Editora

Capa
Gabriela Haeitmann

Dados Internacionais de Catalogação na Publicação (CIP)

Hophan, Otto
 Judas Iscariotes / Otto Hophan; tradução de Roberto Vidal da Silva Martins — 3ª ed. — São Paulo: Quadrante, 2023.

 ISBN: 978-85-7465-574-1

 1. Emoções 2. Sentimentalismo I. Título

CDD-200.19

Índice para catálogo sistemático:
1. Santos cristãos : Vida e obra 270.092

Todos os direitos reservados a
QUADRANTE EDITORA
Rua Bernardo da Veiga, 47 - Tel.: 3873-2270
CEP 01252-020 - São Paulo - SP
www.quadrante.com.br / atendimento@quadrante.com.br

SUMÁRIO

INTRODUÇÃO 5

AS ORIGENS DO PECADO DE JUDAS 9

O ITINERÁRIO DO PECADO DE JUDAS ... 25

O ALCANCE DO PECADO DE JUDAS 55

COMENTÁRIO
JUDAS E PEDRO 69

INTRODUÇÃO

Não há nenhum monumento dedicado a Judas Iscariotes na basílica de São João do Latrão, em Roma, como os há para os outros Apóstolos; não se celebra a sua festa em nenhum calendário, nem existe no mundo inteiro povo algum que se glorie da honra de ter recebido a sua pregação apostólica. Ao percorrermos a brilhante e amável série dos Doze, estremecemos ao deparar com este homem infeliz, como se nos encontrássemos diante de um abismo assustador, de uma noite tenebrosa.

Gostaríamos de passar em silêncio este nome, cuja desonra parece de certa forma envergonhar os outros Onze, que da sua frágil humanidade foram elevados à dignidade do Reino dos Céus. E a arte dos primeiros séculos cristãos, com efeito, excluiu Judas da série dos Apóstolos, sem representá-lo sequer com a bolsa infame na qual guardou as trinta moedas: é como se se quisesse fazê-lo desaparecer do meio dos outros Apóstolos para não ser necessário evocar a sua figura.

Mas Judas não pode ser nem silenciado nem escondido. Também ele foi um dos Doze, como os Evangelistas, envergonhados e aflitos, parecem querer sublinhar insistentemente. Nos Santos Evangelhos, a sua história é registrada com mais amplitude e profundidade que a da maior parte dos outros personagens, e não sem razão: ao lado deste homem que é todo trevas, ressalta com ainda mais esplendor aquela Luz que é Cristo.

Para nós, o pecado de Judas tem o valor de ma advertência, de uma ameaça e de um conjuro. A sua figura, envolta nos véus de um mistério terrível, impressiona-nos extraordinariamente. Se exceptuarmos os grandes Apóstolos Pedro, Paulo e João, veremos que sobre nenhum outro se escreveu tanto na literatura dos séculos posteriores. Nele se fez realidade aquilo que se encontra latente em todo o discípulo de Cristo: a possibilidade de trair o Senhor. *Judas, que havia de traí-lo!* Esta observação, acrescentada ao seu nome nas listas dos Apóstolos, resume de maneira pungente a biografia deste infeliz Apóstolo (cf. Mt 10, 4; Mc 3, 19; Lc 6, 16; Jo 6, 71).

AS ORIGENS DO PECADO DE JUDAS

Malfeitor desde o princípio?

Chegou-se a afirmar que Judas já seria um homem corrompido quando recebeu a sua vocação, e que teria seguido o Senhor movido apenas pela ambição e pela cobiça. Mas essa hipótese é inconciliável com o Evangelho, que recolhe expressamente estas palavras de Cristo: *Não fostes vós que me escolhestes, mas Eu que vos escolhi* (Jo 15, 16). Ou seja, Judas não se tornou Apóstolo por vontade própria, mas pela Vontade de Cristo. Teria o Senhor feito dele seu Apóstolo e seu amigo, ter-lhe-ia confiado a *pérola preciosa* do Evangelho (cf. Mt 7, 6), tê-lo-ia feito sentar-se à sua mesa, se, desde o princípio, não passasse de um mau-caráter vulgar?

O Evangelho não nos oferece nenhum argumento para duvidar de que a fé e o afeto de Judas por Cristo eram, no começo, nobres e dignos. Também Judas se sentiu, então, entusiasmado por Cristo; também Judas percorreu intrepidamente os difíceis caminhos apostólicos *sem alforje nem pão nem dinheiro* (cf. Mc 6, 8); por incrível que nos possa parecer, também muitos doentes e possessos foram curados por ele e muitas aldeias da Galileia e da Judeia receberam dele as primeiras noções sobre Jesus.

O Senhor depositava nele a mesma confiança que no resto dos discípulos. É verdade que sempre ocupa o último lugar nas listas dos Apóstolos, mas neste detalhe percebemos a mão dos

Evangelistas, que quiseram, com razão, deixar o traidor à margem. É possível até que o Mestre tenha colocado Judas acima de alguns dos Doze, pois, segundo o testemunho do Evangelho, confiou-lhe o importante cargo de administrador da bolsa comum (cf. Jo 12, 6). É provável que, por essa razão, alguns dentre os Apóstolos se sentissem preteridos.

O caráter de Judas certamente apresentava, desde o início, algumas manchas, e é possível que a sua própria pátria tenha gerado nele uma predisposição fatal. Era filho de um certo *Simão de Karioth* (Jo 6, 71), de quem não conhecemos mais detalhes, e o Evangelho aplica-lhe não menos de dez vezes o nome de «Iscariotes», que se costuma interpretar como *ish Kerijjoth*, «o homem de Karioth». Este Karioth paterno deve ser ou o atual vilarejo de Kariyut, nas proximidades da antiga Silo de Efraim, ou então Queriot-Hesron, hoje Karjetein, vinte quilômetros ao sul de Hebron; seja como for, era uma cidade da Judeia.

Esta era a primeira diferença de Judas em relação aos outros Apóstolos, que eram todos galileus (cf. At 2, 7), e é de supor que esta diversidade de origem tenha dado ocasião a uma certa frieza nas relações entre ele e os outros Onze. Os oriundos da Judeia eram desconfiados, calculistas, cobiçosos. E realmente não foi nenhum dos onze galileus, mas o único que provinha da Judeia, quem atraiçoou Cristo por dinheiro. Como é misteriosa, e por vezes fatal, a herança dos antepassados!

Todos os outros Apóstolos tiveram, sem dúvida, as suas fraquezas e misérias, que transparecem com frequência nas páginas da Sagrada Escritura: Pedro era inconstante, Tiago ambicioso, João intolerante, Tomé pessimista. Mas todos, ao fim e ao cabo, se mantiveram fiéis a Cristo. O Senhor exclama, cheio de agradecimento, na sua oração sacerdotal: *Nenhum deles pereceu, a não ser o filho da perdição* (Jo 17, 12).

Mas isto apenas torna ainda mais profundo e impressionante o mistério de Judas. Se os outros se transformaram em Cristo, como pôde acontecer que somente Judas, estando tão perto dEle, se tenha pervertido? Porque não há dúvida de que, se não era mau por ocasião da sua vocação, deve ter-se tornado mau — quem seria capaz de crê-lo! — na companhia de Jesus. E é isto o que mais nos assombra: que um homem tenha podido fazer-se um demônio junto do próprio Cristo! Como explicar essa inaudita transformação?

Cobiça?

É totalmente arbitrária e inconciliável com o pensamento dos Evangelistas a opinião de que Judas atraiçoou o Mestre com «boa intenção», ou seja, para forçá-lo a assumir rapidamente o poder real[1], ou então para acelerar a Redenção da humanidade pela morte de Cristo. Já os cainitas, uma seita gnóstica do século II, veneravam Judas como herói e até como mártir sob esse pretexto, e semelhantes aberrações ainda se encontram hoje em dia em algumas «Vidas» de Jesus[2].

Conforme a opinião mais difundida, o pecado de Judas resultou da sua cobiça. Não há dúvida de que o dinheiro desempenhava um importante papel na sua vida. É ele quem critica perfidamente a maneira

---

(1) Os judeus da época de Cristo esperavam que o Messias se manifestasse como um rei-guerreiro, que restauraria politicamente o reino de Israel; mesmo os discípulos mais diretos relutaram em aceitar o Senhor como Salvador dos pecados da humanidade inteira (N. do T.).

(2) Scholem Ash, *The Nazarene*, Nova York, 1939; Kläsi, *Christus*, Berna, 1945; em parte também François Mauriac, *Vie de Jésus*, Paris, 1950.

como Maria de Betânia gasta o seu perfume com o Senhor: *Por que não se vendeu este unguento por trezentos denários e não se deu aos pobres?* (Jo 12, 5).

João, o mais duro adversário de Judas, intercala aqui uma observação amarga: *Dizia isto não por amor aos pobres, mas porque era ladrão e, trazendo a bolsa, furtava o que se lançava nela.* É possível que Salomé, mãe de João, comentasse de vez em quando com o filho o estranho fato de que a bolsa comum, que ela e as outras piedosas mulheres procuravam prover com frequência, se encontrasse sempre vazia (cf. Lc 8, 1; Mc 15, 40)...

O assim chamado «Evangelho de São Bartolomeu», antigo escrito apócrifo copta, afirma que Judas costumava dar à sua mulher o dinheiro que lhe tinha sido confiado, e que negava aos pobres as esmolas a eles destinadas. Também Mateus, que tinha sido publicano, apresenta a traição do

Apóstolo como intimamente vinculada à cobiça: *Então um dos Doze, que se chamava Judas Iscariotes, foi ter com os príncipes dos sacerdotes e disse-lhes: «Que quereis vós dar-me se vo-lo entregar?» E eles ajustaram com ele trinta moedas de prata* (Mt 26, 14).

No entanto, seria demasiado simples querer explicar a terrível malícia da traição somente pela avareza deste infeliz Apóstolo. É verdade que quem tem apego ao dinheiro traz já na alma um ponto quebradiço, uma rachadura que se romperá definitivamente quando lhe apresentarem um punhado de moedas, embora sejam apenas trinta moedas de prata. Trinta moedas de prata, mesmo que tivessem um poder aquisitivo dez vezes superior ao dos nossos dias, representavam um preço muito baixo para uma transação tão inaudita. Por outro lado, um homem que quisesse a todo o custo chegar à riqueza já se teria afastado muito antes de um Senhor tão pobre que *não tinha onde reclinar a cabeça* (cf. Mt 8, 20). Concluímos, assim, que a avareza de Judas não pode ter sido o seu principal pecado, mas apenas o sintoma de um pecado mais profundo.

Uma terceira interpretação é que teria sido a ambição política o que levou Judas à perdição. O Iscariote teria visto em Cristo o restaurador da antiga ordem e o rei vitorioso do novo império mundial dos judeus. Como judeu, devia sentir-se ainda mais humilhado do que os galileus pela dominação romana, sob a qual a Judeia se encontrava desde a destituição do príncipe Arquelau[3], no ano 6 depois de Cristo.

---

(3) Filho de Herodes, o Grande (47-4 a.C.), o mesmo que reconstruiu o Templo de Jerusalém e ordenou o massacre dos inocentes. Herodes reinou sobre a toda a Palestina como soberano independente mas aliado dos romanos; depois da sua morte, Arquelau recebeu a Judéia e Herodes Antipas a Galiléia, mas como príncipes subordinados a um governador romano. Depois de dez anos de um governo marcado pela crueldade (4 a.C.-6 d.C.),

No entanto, também os outros Apóstolos alimentavam grandes esperanças políticas a respeito de Jesus. Por que nenhum deles sucumbiu, nem mesmo Simão o Zelote[4], apesar de Jesus os ter decepcionado nas suas aspirações terrenas? Por que esses sonhos políticos deviam levar unicamente Judas à corrupção?

As raízes

Embora a cobiça e a ambição política não pareçam ter sido as raízes mais

---

Arquelau foi deposto e substituído por um procurador, cargo que se costumava prover por períodos curtos, geralmente cerca de cinco anos. Para os judeus da época, essa subordinação direta a um magistrado pagão — os príncipes herodianos, se não eram judeus de sangue, pelo menos o eram nominalmente de religião — representava a suprema afronta à sua condição de Povo Eleito (N. do T.).

(4) Os zelotes constituíam um «partido» ou facção extremista entre os nacionalistas judaicos, e opinavam que se devia combater o domínio romano pela força (N. do T.).

íntimas do pecado de Judas, revelam-nos no entanto o caráter do traidor. Em última análise, Judas não tinha o Senhor por meta, mas somente a si mesmo: a sua honra, o seu poder ou, no momento em que essas coisas lhe falhassem, o seu dinheiro; numa palavra, buscava sempre o seu próprio proveito. Esta egoísta e humilhante «entrega ao próprio eu» foi o pecado característico de Judas, e a ambição e a cobiça foram apenas os seus sinistros resplendores.

A odiosa carapaça de egoísmo que recobria o traidor não devia ser tão pesada e tão espessa que necessariamente o houvesse de sufocar. Mas, como veremos, foi justamente por não apreciar a luz da palavra e do exemplo de Cristo como os outros e por ter-se encerrado em si mesmo, envolvido no «seu mundo» e nas «suas circunstâncias», que o seu pecado o levou ao completo desespero.

Com um egoísmo cada vez mais brutal, Judas colocava-se a si mesmo no centro de tudo e fazia de Jesus um simples meio para alcançar as suas ambições pessoais. Seguiu o Senhor enquanto convinha aos seus interesses, e, quando já nada podia esperar nem extrair dEle, negociou-o para obter pelo menos aquelas trinta moedas. Nada estava acima dos seus próprios pensamentos egoístas, e semelhante atitude era já uma traição ao Senhor, muito antes de se concretizar naquela venda infame.

Mas esta maneira de considerar a questão pode ser ainda excessivamente humana. Os Evangelhos são mais profundos. Em duas ocasiões fazem a mesma observação acerca de Judas: no momento em que decide trair Cristo e no momento em que leva a cabo a traição. Ambas as vezes, dizem que *Satanás entrou nele* (cf. Lc 22, 3 e Jo 13, 27).

Com um zelo verdadeiramente diabólico, o demônio tinha-se empenhado desde os primeiros passos de Cristo pelo mundo em eliminar esse adversário perigosíssimo, antes de se ver derrubado por ele (cf. Mt 4, 1; Jo 12, 31). Agora, encontrava uma porta escancarada precisamente no círculo dos seguidores mais íntimos do Senhor: porque, quem abandona as alturas, como o Iscariote, cai pelo seu próprio peso nos mais profundos abismos. Aliás, antigas e ingênuas representações do traidor no-lo mostram com o diabo às costas ou com uma auréola negra ao redor da cabeça, como se quisessem representar dessa maneira a situação em que se encontrava a sua alma. O poder das trevas aliou-se, portanto, a Judas e serviu-se desse infeliz para levar a cabo um objetivo que excede em vileza toda a miséria humana; porque há pecados que não podem ser cometidos a não ser sob o influxo do inferno.

As palavras da Sagrada Escritura tornam ainda mais tenebroso o mistério de Judas. Os Evangelistas buscam a solução última deste terrível problema nas disposições eternas de Deus, claramente manifestadas na própria Escritura. O Pai determinara que, no cálice da Paixão do seu Filho, não devia faltar nem mesmo a horrível amargura da traição. A traição tinha que ocorrer, portanto, e o próprio Senhor afirma repetidas vezes que «era necessário» que acontecesse: *É necessário que se cumpra o que diz a Escritura: «Aquele que come o pão comigo levantará contra mim o seu calcanhar»* (Jo 13, 18; cf. Sl 40, 10); *nenhum deles se perdeu, exceto o filho da perdição, para que se cumprisse a Escritura* (Jo 17, 12; cf. também Mt 26, 24).

Também Pedro, no discurso em que propõe à primeira comunidade cristã a eleição de alguém que ocupe o lugar de Judas no Colégio Apostólico, faz referência a essa predeterminação divina: *Era preciso que se cumprisse a Escritura que o Espírito Santo manifestou pela boca de Davi a respeito de Judas* (At 1, 16). Deparamos aqui com o terrível mistério da presciência e premonição divinas e da liberdade da criatura.

Nunca chegaremos a compreender como se conciliam a Vontade onipotente e a liberdade humana; só sabemos — e já é bastante — que a assistência divina deixa intactas a liberdade e a responsabilidade do homem. Se por um lado a traição *tinha* de ocorrer, por outro o traidor *não tinha* de agir; o ato era necessário, mas o seu autor o realizou livremente. Por esta razão, embora o Senhor tenha seguido *o seu caminho* — o da Paixão — *segundo está escrito dEle*, pronunciou no entanto aquela terrível maldição sobre o homem que levaria a cabo o que estava escrito: *Mas ai daquele por quem o Filho do Homem será entregue! Melhor lhe fora a esse homem não ter nascido* (Mc 14, 21).

O pecado de Judas enche de angústia o coração de toda a pessoa reflexiva. Como é fraco e inseguro um homem, mesmo que seja um Apóstolo, quando se entrega à estupidez e fragilidade do seu próprio coração e ao influxo de Satanás! Judas perdeu-se por se ter encerrado tão obstinadamente no seu próprio eu; em contrapartida, quem se deixa cair em Deus jamais cairá fora de Deus — porque também se pode cair dentro de Deus. *Gere curam mei finis!*: Em tuas mãos, Senhor, coloco o meu fim último!

O ITINERÁRIO DO PECADO DE JUDAS

O pecado do coração

Ninguém se torna amigo fiel ou traidor de Cristo de uma hora para a outra; até os piores pecados têm o seu período de desenvolvimento. A semente venenosa do egoísmo de Judas não teria chegado ao inacreditável desenlace a que chegou se os acontecimentos não lhe tivessem preparado o terreno. Desiludido com Jesus, afagado pelos inimigos deste, ferido por uma repreensão e por fim desmascarado, Judas foi-se afundando cada vez mais no abismo até tornar quase impossível o arrependimento.

A primeira vez que o seu pecado se manifestou foi depois do memorável sermão eucarístico na Sinagoga de Cafarnaum, no dia seguinte ao da multiplicação dos pães (cf. Jo 6, 26-71). Na véspera, Cristo havia rejeitado a coroa de Rei que o povo, entusiasmado, lhe oferecia, e nesse discurso manifestara de modo taxativo a sua recusa de toda a ambição política deste mundo: *O pão que eu darei é a minha carne para a salvação do mundo* (Jo 6, 51). Com esse esclarecimento, tornava públicas as suas intenções, e *desde então muitos dos seus discípulos voltaram atrás e já não andavam com ele* (Jo 6, 66).

O Senhor quis também colocar os Doze perante o dilema: *Quereis vós também retirar-vos?* Pedro exclamou, respondendo com comovida confiança: *Senhor, a quem iríamos? Só Tu tens palavras de vida eterna.* Judas, pelo contrário, remoeu-se no seu íntimo, sem no entanto se atrever a recriminar Jesus por ter renunciado ao reino e destruído com essas palavras todos os sonhos de poder e de glória que o Apóstolo havia forjado para si mesmo.

Judas ficou desiludido. Foi por isso que Cristo respondeu à bela confissão de fé feita por Pedro em nome de todos com estas ásperas palavras: *Não fui Eu que vos escolhi a vós Doze? No entanto, um de vós é um demônio*. E São João introduz aqui este comentário: *Falava de Judas, filho de Simão Iscariotes, porque era este que o havia de entregar, não obstante ser um dos Doze* (Jo 6, 71). Entre o Senhor e o Iscariote acabava de abrir-se um abismo; a fenda certamente já existia antes, mas não de maneira tão clara que Judas tivesse chegado a perceber que agia como «um demônio» porque, tal como Satanás, tentava o Senhor com o poder e a glória deste mundo (cf. Mt 4, 8).

É difícil adivinhar o motivo pelo qual Judas permaneceu com Jesus depois desse seu desengano. Talvez pensasse que o Senhor ainda poderia voltar atrás e adaptar-se aos seus desejos. Afinal, todas as possibilidades, mesmo as mais inverossímeis, estavam permanentemente abertas a esse Nazareno capaz de fazer milagres; seria uma tolice afastar-se dEle cedo demais, renunciando a uma possível sorte futura.

Essa permanência mal-intencionada foi o começo da sua traição. Durante todo um ano, equilibrou-se nessa atitude perigosa e cada vez mais instável, compreendendo com clareza crescente que o Senhor não corresponderia às suas ambições terrenas: o Mestre repetia uma e outra vez que deveria ser entregue ao poder dos seus inimigos para sofrer e morrer. Nem no Domingo de Ramos, e apesar da entrada triunfal em Jerusalém, quando todo o povo o acolheu com hosanas cheios de alegria, Cristo fez a menor menção de que pretendesse tomar o poder. Com isso, foi-se formando na alma de Judas um ressentimento cada vez mais infeccionado contra o Senhor. Os milagres em favor dos cegos e paralíticos contrariavam-no; as amáveis pregações sobre o Reino dos Céus irritavam-no; toda a bondade e dignidade do seu Mestre só serviam para exacerbá-lo mais. Na sua vileza, Judas estava desejoso de romper com o círculo dos Apóstolos, ao qual havia tempos que deixara de pertencer no seu coração. Em breve se ofereceria a ocasião de dar esse passo.

A última gota

O Sinédrio, depois da ressurreição de Lázaro nos primeiros dias da primavera, tinha decidido formalmente matar Jesus porque, dizia, *convém que um homem morra pelo povo e não que pereça toda a nação* (Jo 11, 47ss). Ao longo das semanas seguintes, reafirmou diversas vezes essa decisão (cf. Jo 12, 10; Mc 11, 18; 12, 12).

Mas sempre deparava com a mesma dificuldade: *Não sabiam como proceder porque todo o povo ficava arrebatado quando o ouvia* (Lc 19, 48; Mc 12, 12). Como poderiam, com um punhado de sicários, atravessar a muralha de leais seguidores que rodeava o Nazareno? A simpatia do povo por Cristo era tão grande que uma ordem de prisão contra Ele poderia trazer graves consequências. E, embora várias semanas antes, com uma veemência tipicamente oriental, os pontífices e fariseus houvessem decidido tomar o caminho mais curto e *tivessem dado ordens para que todo aquele que soubesse onde Ele estava o denunciasse para o prenderem* (Jo 11, 57), não se tinha encontrado em toda a cidade nenhum traidor que o delatasse. Ninguém... a não ser um dos Doze!

Judas conhecia suficientemente bem a perigosa situação em que Cristo se encontrava (cf. Jo 11, 8). Quando lhe terá vindo pela primeira vez o diabólico pensamento de pôr a perder o seu Mestre? Talvez se tenha espantado quando Satanás introduziu no seu coração essa semente infernal; no entanto, escravizado pela sua paixão, não soube livrar-se da tirania do demônio. Que fazia de mal — diria de si para si — denunciando o Senhor às autoridades? Não tinham estas o direito e a obrigação de velar pela segurança pública? Não podia ele contribuir para livrar a sua pátria e o seu povo da intranquilidade gerada pelo «falso Messias»? Não tinha Cristo predito claramente o seu próprio destino, invocando o testemunho dos Profetas? E se ele, Judas, auferisse algum lucro dessa operação, já que não era tarefa isenta de risco, que podia haver de reprovável nisso? Dessa forma, foi dando voltas ao seu plano diabólico até colocar-se a si mesmo numa posição de licitude e ao Mestre num plano de ilegalidade e de culpa.

Indubitavelmente, o primeiro passo no caminho da maldade é sempre o mais difícil. Quando Judas fixava os seus olhos turvos em Cristo, sentia vacilarem os seus propósitos. O Mestre era bom; mais ainda, mostrava-lhe um grande afeto. Era impossível que não tivesse notado a terrível perturbação de que o seu Apóstolo padecia havia cerca de um ano, mas continuava a tratá-lo da mesma maneira: o seu olhar procurava-o amorosamente, como sempre, e, quando lhe pronunciava o nome, a sua voz continuava cálida e amável. O Senhor tinha-lhe passado por alto as palavras insidiosas que proferira no círculo dos Doze, e — era isso o que mais o deixava perplexo — não quisera trazer a público as fraudes perpetradas por ele contra a bolsa comum. Quando Tiago e João, os seus adversários e espiões, tinham querido falar disso com o Mestre, Cristo fizera-os calar e não quisera revogar a confiança que depositava no ladrão. Trair um Mestre assim? Há coisas que não se podem fazer, por mais que se deseje.

No entanto, houve um fato que inclinou definitivamente o prato da balança, e foi a unção de Cristo por Maria, em Betânia, seis dias antes da Páscoa. *Maria tomou uma libra de bálsamo de nardo puro de grande preço, ungiu os pés de Jesus e enxugou-lhos com os seus cabelos; e a casa ficou cheia do aroma do bálsamo* (Jo 12, 3). Essa manifestação tão generosa e pródiga do amor de Maria tinha de irritar, por muitos motivos, um homem que, como Judas, se encontrava numa situação espiritual propícia para a ruína. Ávido por dinheiro, irritaram-no terrivelmente aqueles trezentos denários gastos em perfumes e que não lhe tinham dado rendimento algum. Mas talvez fosse a exaltada generosidade do amor de Maria o que o feriu ainda mais a fundo, pois nada acende tanto o ódio como o elogio e o amor à pessoa odiada. Maria oferecera ao Mestre, a quem o traidor já não podia suportar mais, as suas lágrimas, os seus perfumes, os seus denários e todo o seu coração.

Depois dessa unção, Cristo pronunciou uma estranha sentença que, se não foi compreendida pelos seus cândidos colegas, não passou despercebida a Judas: *Ela ungiu de antemão o meu corpo para a sepultura* (Mc 14, 8). Para a sepultura! Portanto, era já tempo de abandonar Jesus e extrair dEle o maior proveito possível. Por que haveria de perturbar-se e sentir escrúpulos de consciência? Não acabava o Senhor de desmascará-lo, precisamente nessa cena, diante de todos os convivas de Betânia? Com efeito, quando Judas aludira aos pobres «que se poderiam ter socorrido com o preço desta essência de nardo», o Senhor replicara: *Por que vos escandalizais desta mulher? Ela fez uma boa obra comigo; porque, pobres, sempre os tereis convosco e, quando quiserdes, podereis fazer-lhes bem; porém, a mim, nem sempre me tereis* (Mc 14, 7).

Judas não pôde resistir a essa repreensão em público e, diabolicamente ferido, aproveitou o pretexto desse «esbanjamento reprovável» para enfim levar a cabo o que por tanto tempo deixara amadurecer no seu íntimo. Mateus e Marcos apresentam a traição, cronologicamente, como continuação imediata do episódio de Betânia: *Então um dos Doze, que se chamava Judas Iscariotes, foi ter com os príncipes dos sacerdotes e disse-lhes: «Que quereis vós dar-me se vo-lo entregar?» E eles ajustaram com ele trinta moedas de prata. Desde então procurava uma ocasião favorável para entregá-lo* (Mt 26, 14; Mc 14, 10).

Mercator pessimus

Os príncipes dos sacerdotes, tomados de assombro, satisfação e júbilo, não regatearam quando um dos Doze — um dos Doze! — se apresentou diante deles com a proposta por que tanto tinham esperado. Trinta siclos de prata, aproximadamente cento e vinte denários — um denário equivalia a um dia de salário de um operário manual, mas bastante bem pago — era uma bela quantia para recompensar um serviço tão pequeno como aquele a que Judas se obrigava: não tinha outra coisa a fazer senão indicar aos inimigos de Jesus o tempo e o lugar em que o Mestre se encontraria sozinho e isolado da multidão.

No entanto, Judas foi *mercator pessimus*, «o pior dos comerciantes». Supõe-se às vezes, com base numa passagem do Êxodo, que o Apóstolo vendeu o Mestre pelo preço de um escravo; no entanto, esse parágrafo mosaico não se refere ao preço de um escravo enquanto tal, mas à multa estabelecida na Lei de Moisés para a hipótese de o animal de um israelita matar o escravo de outro. *Neste caso* — diz o texto da Lei —, *dar-se-á ao senhor do escravo trinta moedas de prata e o boi será apedrejado* (cf. Ex 21, 32).

Na verdade, porém, Judas vendeu o Mestre muito abaixo do preço de um escravo, que, na sua época, girava habitualmente em torno de no mínimo quinhentos denários, e podia chegar até 25.000, e excepcionalmente até 175.000, quando se tratava de um escravo de extraordinárias condições ou de esmerada instrução. Trinta moedas de prata foi o que Judas, o mais miserável e o último dos Apóstolos, exigiu pelo Sangue do Senhor. Pedro, o primeiro dos Apóstolos, coloca este Sangue sagrado além e acima de todo o valor humano: *Sabeis que fostes resgatados da vossa vã conduta, não ao preço de coisas corruptíveis como a prata ou o ouro, mas pelo precioso sangue de Cristo, o cordeiro sem defeito e sem mancha* (1 Pe 1, 18). Trinta moedas de prata! Com elas se pagou o Sangue que redimiu o mundo inteiro.

«Um de vós me entregará»

Judas não tinha pressa em levar a cabo a sua traição, e também os seus contratantes queriam evitar todo o alvoroço: *Não se faça isto no dia da festa, para que não aconteça levantar-se algum tumulto entre o povo!* (Mt 26, 5). Mas o Senhor, que parecia entregar-se impotente à maldade dos homens, tinha poder suficiente para determinar e delimitar o momento em que essa maldade teria licença para agir. Seria precisamente no dia da Páscoa, quando as trombetas do Templo anunciassem solenemente o sacrifício oferecido pelo povo, que Jesus, o verdadeiro Cordeiro pascal e sacrificial morto pelos pecados do mundo, viria a ser imolado.

Na véspera, Cristo tinha comido o cordeiro pascal com os seus discípulos, e essa íntima e derradeira manifestação do seu Amor estivera mergulhada em profundas sombras pela presença do Iscariote. No lava-pés, quando Ele, o Senhor e Mestre, se ajoelhara diante do traidor e lavara aqueles pés aos quais ainda aderia o pó do caminho da traição, não pudera conter um gemido: *Vós estais limpos..., mas não todos* (Jo 13, 10). Um hino do poeta oriental Cirilonas descreve, cheio de assombro, a cena inaudita em que Cristo se ajoelha aos pés do seu traidor:

Veio então Jesus a Judas
e tomou-lhe os pés.
A terra exalou um lamento silencioso.
As pedras das muralhas levantaram a sua voz

quando viram que o fogo não o abrasava.
O assombro tornou-se espanto
quando as mãos de Nosso Senhor
acariciaram os pés do seu assassino.
Mas não revelou a sua maldade,
antes a encobriu e o tratou como aos outros[1].

As palavras que se seguiram ao lava-pés davam a entender que Cristo se dispunha a falar do serviço e da dignidade do Apóstolo, mas mal se sentou à mesa o seu pensamento voltou novamente a ocupar-se do traidor: *Sei a quem escolhi; mas é preciso que se cumpra o que diz a Escritura: «Aquele que come o pão comigo levantará contra mim o seu calcanhar»* (Jo 13, 18). E por fim descobriu inteiramente a sua alma e manifestou claramente a traição já próxima, com aquela expressão que João emprega repetidas

---

[1] *Zeitschrift der Deutschen Morgenländischen Gesellschaft*, 27 (1873), pp. 59-61.

vezes ao descrever as grandes comoções do coração de Jesus: *Dito isto, estremeceu Jesus em seu espírito e declarou abertamente: «Em verdade, em verdade vos digo: um de vós me entregará»* (Jo 13, 21). Nessas palavras, o Senhor revelava o que havia de ser o aspecto mais doloroso e terrível da sua Paixão: não as burlas do povo, nem o ódio dos seus inimigos, nem o suplício da Cruz, mas a traição de um dos seus.

«Serei eu, Senhor?»

Leonardo da Vinci, no conhecido afresco da *Última Ceia*, representou de maneira impressionante a agitação dos discípulos ao ouvirem o anúncio da traição: *Serei eu, Senhor? Serei eu, Senhor? Serei eu, Senhor?*, interrogavam-no os discípulos um após outro, mortos de espanto. Só João se atreveu a perguntar: *Quem é, Senhor?* Não sabemos de que admirar-nos mais, se da ingenuidade infantil dos Apóstolos, que não chegam a suspeitar de Judas nem por um momento, se da astúcia deste, capaz de esconder o seu íntimo sob tal capa de hipocrisia que, apesar da sua enorme vileza, ninguém se atrevia a suspeitar dele.

Pedro não pôde suportar a terrível incerteza e, fazendo um sinal a João, que estava recostado sobre o peito de Cristo, sussurrou-lhe: *Pergunta-lhe de quem é que Ele fala*. Jesus indicou então ao discípulo amado, e só a ele, quem era o discípulo traidor: *É aquele a quem eu der o bocado que vou molhar. E, molhando o bocado, tomou-o e deu-o a Judas Iscariotes* (cf. Jo 13, 21-30). João sentiu falhar-lhe o coração e ficou lívido de espanto. Agora sabia que era Judas quem cometeria aquela traição.

Como são admiráveis as disposições do Senhor! Aquele pedaço de pão oferecido a um comensal era tão comum nos banquetes que não podia chamar a atenção; pelo contrário, era uma manifestação de afeto para com um amigo, de certa forma semelhante aos nossos brindes, e era também um modo delicado de apaziguar a efervescência que se havia apossado dos discípulos. Cristo não atraiçoa nem mesmo aquele que o atraiçoa. Não lança contra ele nenhuma imprecação, como as que tinha proferido dois dias antes no Templo contra os seus inimigos, nem o entrega ao furor dos outros Apóstolos, seus companheiros.

Mas a delicadeza de Jesus só serviu para tornar ainda mais profunda a insolência de Judas que, com uma presunçosa confiança na bondade sem limites do Senhor, se atreveu descaradamente a perguntar-lhe: *Porventura sou eu, Rabi?* (Mt 26, 25). Cristo olhou-o como só Deus pode olhar, e respondeu-lhe serenamente: *Tu o disseste*. A seguir, num

Leonardo da Vinci, A santa ceia (1495-97), afresco na igreja de Santa Maria delle Grazie, Milão. Distinguem-se Pedro e João à esquerda de Cristo, e Judas à direita, com o dedo erguido: "Serei eu, Senhor?"

tom quase de súplica, como se quisesse apressá-lo, continuou: *O que tens a fazer, faze-o depressa* (Mt 26, 25; Jo 13, 27). Não suportava mais.

João faz constar, talvez para evitar uma interpretação inexata dos outros Evangelhos, que todo esse diálogo entre Jesus, João e Judas passou despercebido dos convivas, ou pelo menos não foi compreendido por eles: *Nenhum dos que estavam à mesa percebeu por que lhe dizia isso*. Como Judas era quem detinha a bolsa, pensaram que o Senhor queria dizer-lhe: *Compra as coisas que nos são precisas para o dia da festa*, ou que lhe indicava que fosse dar alguma coisa aos pobres (Jo 13, 28). Qual das duas será maior: a misericórdia do Senhor ou a perversidade de Judas?

Judas entendeu perfeitamente o que o Senhor lhe queria dizer. Viu-se desmascarado por Ele e, o que mais o irritou, descoberto também por João. O aparte entre

Jesus e João não escapara aos seus olhos desconfiados e inquietos, e não tinha a menor dúvida de que tinham falado dele. Estava já farto de Cristo e, como um meteoro que cai de uma luminosa constelação, afastou-se definitivamente dEle.

Era noite. Através das trevas, o Iscariote apressou-se a ir ao encontro dos inimigos do Senhor, surpreendendo-os com a alarmante notícia de que não havia tempo a perder. Cristo tinha conhecimento de todos os planos: alegar-se-ia que estava em curso uma conspiração, reforçar-se-iam as patrulhas de segurança e os grupos de sentinelas, e Jesus seria detido como suspeito (cf. Lc 22, 52-53). Agora, não havia mais tempo para essas manobras; era preciso agir sem demora. E assim as trevas se apoderaram daquela hora que o Senhor havia escolhido, porque Deus é também Senhor da noite.

«O que tens a fazer...»

Mas também Cristo devia levar a cabo uma coisa que *tinha a fazer depressa* depois da partida de Judas: a instituição da Eucaristia. É um problema muito discutido, desde a Antiguidade, saber se Judas também recebeu a Eucaristia; o tema da «comunhão de Judas» aflora com frequência na pregação. Mas a maioria dos atuais especialistas em Sagrada Escritura coincidem em que Judas já havia saído nesse momento. Mateus e Marcos colocam o anúncio da traição antes da celebração daquele amável e altíssimo mistério. Lucas fala do traidor imediatamente depois da celebração da Eucaristia, mas vê-se com clareza que é porque deseja vincular intimamente o sacrifício pascal do Antigo Testamento ao Sacrifício Eucarístico do Novo; por isso, deixa de lado a sequência de acontecimentos que decorreram entre a declaração da traição e a disputa dos discípulos sobre as preeminências (Lc 22, 21ss). Mas essa hora do último e supremo amor, do *amou-os até ao fim* (Jo 13, 1), Cristo quis com certeza passá-la somente com os seus *amigos*, com os seus *filhinhos*, sem a presença do traidor.

Com a sua saída, Judas excomungou-se a si próprio. Cristo sentiu um grande alívio, como se daquela sala cheia de luz tivessem desaparecido as últimas sombras[2]: *Agora é glorificado o Filho do homem, e Deus é glorificado nele. Se Deus foi glorificado nele, também Deus o glorificará em si mesmo; e glorificá-lo-á sem demora* (Jo 13, 31).

---

(2) No já citado hino de Cirilonas, descreve-se a partida de Judas com as seguintes palavras: «A ave de rapina que se compraz nas trevas/ abandonou as pombas e afastou-se delas a crocitar./ A casa encheu-se de luz,/ porque nela brilhou em todo o seu fulgor o sol escondido,/ e encheu-se de alegria/ porque o réptil tinha escapado,/ e a mesa se alegrou,/ porque se viu aliviada da sua pesada e repugnante carga».

Desta maneira, os dois, Jesus e Judas, *fizeram depressa* o que *tinham a fazer*: um, entregar-se até converter-se em Alimento; o outro, atraiçoar até o beijo.

«*O que tens a fazer, faze-o depressa!* Que palavra é essa, que antes parece sair de uma vontade decidida que de um ânimo relutante? Que palavra é essa, que exprime menos o castigo do traidor que o preço do Redentor? O Senhor não pronunciou essas palavras tão depressa porque alimentasse o desejo ardente de arruinar o infiel, mas urgido pela ânsia de salvar os fiéis. Judas entregou Cristo; Cristo entregou-se a si mesmo. Aquele buscava o proveito da sua venda, Este o da nossa redenção. *O que tens a fazer, faze-o depressa*, não porque possas, mas porque assim o quer Quem tudo pode»[3].

---

(3) Santo Agostinho, *Tratado 62 sobre o Evangelho de São João*, PL 35, 1802ss.

O beijo da traição

O pecado do traidor chegou ao auge quando Judas atravessou a noite amena e alegre da Páscoa, docemente iluminada pela lua cheia, à frente de *uma grande multidão, armada de espadas e varapaus* (Mt 26, 47). Lucas observa que Judas *os precedia* (Lc 22, 47): a um apóstolo convertido em apóstata, tudo lhe parece pouco para demonstrar o seu novo ardor. Não percebia ele como era inacreditável a sua atitude? Realmente, há momentos no coração dos homens em que todas as luzes parecem extinguir-se.

Levando ao limite o seu descaramento, Judas tinha-lhes dado este sinal: *Aquele a quem eu beijar, é esse; prendei-o e levai-o com cuidado. Logo que chegou, aproximando-se dEle, saudou-o dizendo-lhe: «Mestre!» E beijou-o* (Mc 14, 44ss; Mt 26, 48ss). Neste ponto, a palavra e a pena recusam-se a continuar; só podemos encher-nos de espanto, recolher-nos em silêncio e esconder o rosto entre as mãos.

Um quadro de Giotto, *O beijo de Judas*, representa de uma maneira impressionante o encontro de Cristo com o traidor. Nunca a divina grandeza e a miséria humana se encontraram tão próximas, frente a frente, face a face, como naquela hora de trevas no monte das Oliveiras. Judas, com o seu olhar infame, com o seu caminhar felino, envolto no manto da sua hipocrisia, põe as suas garras sobre Jesus como uma fera selvagem sobre um inocente animalzinho. Nele, todas as baixezas cometidas na terra se aproximam de Cristo. Nele, Cristo experimentou toda a vileza de que é capaz a alma humana.

Cristo mostra-se sublime e dolorido. Os seus olhos penetram no interior de Judas. No fundo daquelas trevas, vê rompido o selo que trazia o Nome do Senhor, porque nenhum apóstata é capaz de desarraigar completamente esse Nome que, desde o momento do seu Batismo, traz gravado na alma para sempre... Invocaria agora o auxílio das *doze legiões de Anjos* para aniquilar o traidor? Convidaria Pedro a deixar em paz a orelha de Malco e a cortar com a sua espada a cabeça desse infame? Ao menos, não se afastaria dele com nojo e indignação?

No Sermão da Montanha, o Senhor ensinou-nos a apresentar a outra face quando nos esbofeteassem (Mt 5, 39). No Horto das Oliveiras, porém, teve um gesto ainda mais difícil: aproximou o seu rosto do traidor, do infame, e trocou com ele o beijo da paz. Após uns instantes de silêncio, disse-lhe: «*Amigo, a que vieste?*» E depois, como se reprimisse um soluço: «*Judas, com um beijo entregas o Filho do homem?*» (Mt 26, 50; Lc 22, 48). Então separaram-se um do outro, e Cristo apresentou as mãos às algemas dos sicários.

Ambos estavam mortalmente feridos nas suas almas; Judas nunca mais poderia esquecer as últimas palavras que o Mestre lhe dirigira: «*Amigo! Judas...!*»; quanto ao Senhor, nada podia arrasá-lo mais do que essa traição. *Se a ofensa viesse de um inimigo, Eu o teria suportado; se a agressão partisse de quem me odeia, dele me teria escondido. Mas tu, meu companheiro, meu amigo íntimo, que te sentavas à minha mesa e comias comigo doces manjares!* (Sl 54, 13-15). Mas tu...!

Terão os olhares de Jesus e Judas voltado a cruzar-se alguma vez, depois desse encontro no Horto das Oliveiras?

O ALCANCE DO PECADO DE JUDAS

«Pequei, vendendo o sangue inocente»

Quando consideramos a que profundezas chegou o pecado de Judas, facilmente nos convencemos de que esse homem infame devia ser absolutamente incapaz de abrigar algum bom sentimento, e que realmente não os teve. Por isso, assombra-nos ler as palavras com que Mateus volta a referir-se, pouco adiante, ao traidor: *Quando Judas, que o entregara, viu como Ele era condenado, ficou tomado de remorsos* (Mt 27, 3).

É possível que nos tenhamos acostumado a considerar inútil e desprovido de valor esse arrependimento. Segundo o relato evangélico, o traidor caiu na conta de que pecara *entregando o sangue inocente*, o sangue de Cristo; e podemos deduzir quão amargos foram para ele esses remorsos, se tivermos em conta o seu trágico fim. Buscou todas as soluções e percorreu todos os caminhos, até os mais difíceis, para anular o que fizera. Mas, ai, por que não enveredou pela senda mais fácil, aquela que levava à Cruz de Cristo, a fim de purificar-se naquele Sangue que tinha atraiçoado?! Ou seria precisamente esse caminho, o da Cruz, o que mais lhe custava?

Entre os protagonistas do drama da Paixão, há alguns que se empenham a todo o custo em salvar a vida do Senhor quando já não há remédio. Pilatos, o juiz, tem de reconhecer cheio de confusão: «*Não encontro nele motivo algum de condenação*» (Jo 18, 38). E Judas, protagonista de exceção em toda esta trama, é o caso mais flagrante entre eles. Podemos, pois, perguntar-nos o que foi que levou tanto Judas como Pedro a passarem tão rapidamente da culpa à vergonha do arrependimento; afinal, não contemplamos nos nossos dias inúmeros exemplos de homens fanaticamente empedernidos na sua perversidade?

Evidentemente, as palavras de Jesus — «*Amigo! Judas!*»... — não ficaram totalmente sem efeito sobre a alma do traidor. E Mateus indica-nos além disso os motivos mais imediatos dessa reviravolta: Judas despertou do seu espantoso estado quando viu as consequências da sua ação. Já no Horto das Oliveiras, sentira-se desconcertado ao ver que o Senhor não opunha a menor resistência aos seus captores, nem pelas armas nem pelos seus poderes divinos, e que se entregava «como um cordeiro conduzido ao matadouro» (cf. Is 53, 7). Onde estava o tumulto que Judas tinha predito aos seus contratantes?

Por outro lado, o Mestre era inocente, e apesar disso o Sinédrio o condenava à morte! Judas não tinha previsto nem querido que as coisas chegassem tão longe! Ele, que tanto apego tinha ao dinheiro, *devolveu as trinta moedas de prata aos príncipes dos sacerdotes e anciãos, dizendo-lhes:* «*Pequei, vendendo o sangue inocente!*» (Mt 27, 3). Procurava assim arrancar das mãos do sacrificador a Vítima sagrada antes de que chegasse ao altar do sacrifício. Pediu, suplicou, conjurou. Tudo em vão! Enfurecidos, os compradores responderam-lhe: «*A nós, que nos importa? Isso é lá contigo*». *Então*, escreve o Evangelista, *atirando as moedas de prata ao templo, ele retirou-se dali* (Mt 27, 4).

Os príncipes dos sacerdotes recolhem as moedas abandonadas, lançadas no átrio do Templo como a esperança de uma alma condenada, enquanto dizem hipocritamente: *«Não é lícito lançá-las ao tesouro* [a arca das esmolas]*, porque são preço de sangue». E tendo consultado entre si, resolveram comprar com elas o campo do Oleiro, para sepultura dos peregrinos. Por isso aquele campo foi chamado Campo do Sangue até ao dia de hoje.* Mateus faz notar que, dessa forma, se cumpria a profecia de Jeremias: *Tomaram as trinta moedas de prata, o preço dAquele que foi avaliado pelos filhos de Israel, e deram-nas pelo campo do Oleiro, como o Senhor me ordenara* (Mt 27, 6-10; cf. Zc 11, 12-14 e Jr 32, 6-10).

Este «Campo do Sangue», em arameu *hakel dama*, foi durante muitos séculos e até aos nossos dias, um testemunho mudo da inocência de Jesus; ainda hoje existe um campo com esse nome na parte sul do Vale de Hinnon, dedicado à sepultura de peregrinos estrangeiros.

São Mateus apresenta as palavras de Judas aos sinedritas como a derradeira advertência de Deus aos «guias cegos» de Israel, advertência que, se fosse ignorada, se converteria em acusação eterna contra eles. E São João Crisóstomo observa, a respeito das impiedosas palavras dos sacerdotes: «Essa desculpa é a vossa maior acusação. Quereis lançar sobre o traidor toda a culpa e desse modo aumentais a vossa maldade, acrescentando além disso a crucifixão à traição. Como pretendeis livrar-vos da vossa perversidade com as palavras com que condenastes o traidor? A vossa maior culpa está em não o terdes afastado dos seus satânicos propósitos e tentardes agora ocultar-vos sob o manto hipócrita de uma pretensa ignorância»[1].

---

(1) João Crisóstomo, *Homilia 85 sobre o Evangelho de São Mateus*, PG 58, 760.

«Foi e enforcou-se»

Lançado no desespero pela dureza dos sacerdotes, Judas *foi e enforcou-se* (Mt 27, 5). Nos Atos dos Apóstolos, Pedro parece apresentar uma versão dos fatos que difere da narrada pelo Evangelista São Mateus: *Ora, este* [Judas] *adquiriu um campo com o preço da sua iniquidade; mas, tendo-se enforcado, rebentou pelo meio e todas as suas vísceras se esparramaram* (At 1, 18).

Essa contradição, no entanto, é apenas aparente. Não é sem ironia que o Príncipe dos Apóstolos torna o próprio Judas proprietário da terra que se comprou com o dinheiro do seu pecado[2]. Por outro lado, é

---

(2) O que, por sinal, é muito razoável, pois, como vimos, os sinedritas não aceitaram formalmente de volta esse dinheiro, que em termos legais continuou a pertencer ao traidor; é bem possível que tenham realizado a compra em nome deste. Vejam-se a este respeito os capítulos iniciais de Vittorio Messori, *Padeceu sob Pôncio Pilatos*, Ed. Santuário, Aparecida, 1993 (N. do T.).

absolutamente verossímil que Judas tenha acabado por cair da árvore de que se havia dependurado — peso horrendo para qualquer árvore! —, e que o seu cadáver se despedaçasse no chão, como afirma Pedro.

Como se passaram as coisas?

Depois de se ver desamparado pelos sacerdotes, o traidor com certeza esperou angustiosamente o desenlace do processo diante do procurador romano e viu o Mestre ser apresentado ao povo na cena do *Ecce Homo!* Deve ter presenciado a terrível escolha entre Cristo e Barrabás e erguido — apenas ele no meio de toda aquela multidão — os seus braços bem alto por Jesus. E por fim escutou o vozerio diabólico do povo: *Que o seu sangue caia sobre nós e sobre os nossos filhos* (Mt 27, 25). O seu Sangue..., o Sangue inocente que ele, Judas, tinha vendido!

«*Pequei, vendendo o sangue inocente!*» Como teria desejado, ao ver-se atormentado pelos remorsos, poder encontrar uma só falta em Cristo, uma falta que pudesse tranquilizá-lo! Que alívio teria sido para a sua consciência agitada encontrar uma só culpa no Senhor!

O traidor arquejava angustiado na sua hora derradeira. Se pelo menos se tivesse aproximado dos pés ensanguentados do Mestre! Aquele que tinha perdoado Maria a pecadora, Aquele que poucas horas depois daria ouvidos ao bom ladrão, também lhe teria infundido esperança. O Sangue do Senhor, o Sangue que Judas vendera e que agora corria no Calvário, teria bastado para lavar até o seu pecado. *«Amigo! Judas!...»*

Mas Judas, metido no seu pecado, não buscou o Senhor, e por isso não o pôde encontrar. No pecado, só se encontrou a si mesmo, e assim acabou por cair num segundo delito, ainda mais pavoroso: no desespero. Porque desesperar de Cristo é um pecado ainda mais terrível do que traí-lo.

O grito da noite

Dante, o poeta da Idade Média, reserva para Judas, na sua *Divina Comédia*, o lugar mais baixo no seu «Inferno». O pecado desse homem foi um pecado a sangue frio, glacialmente calculado; ao contrário de um delito cometido sob o efeito de uma emoção violenta, era indesculpável. Seja como for, ainda assim nos atrevemos a perguntar: «Ter-se-á Judas condenado?»

As palavras do Senhor sobre o destino do traidor são muito severas: *Mas ai daquele por quem o Filho do homem será entregue! Melhor lhe fora a esse homem não ter nascido* (Mt 26, 24; Mc 14, 21). Mas Cristo aplica aqui a Judas uma expressão popular do seu tempo, que não é preciso tomar ao pé da letra. Mais desconsoladoras soam as palavras do Senhor na sua oração sacerdotal: *Nenhum deles* [dos Apóstolos] *se perdeu, exceto o filho da perdição* (Jo 17, 12), bem como a passagem dos Atos dos Apóstolos que descreve a escolha de Matias: *Judas afastou-se de nós para ir para o seu lugar* (At 1, 25). No entanto, será assim tão claro que estas palavras da Escritura se referem ao destino eterno de Judas, ou poderiam talvez aplicar-se somente à sua vocação para o apostolado e à sua terrível desgraça temporal?

No seu último encontro com o traidor, o Senhor chamou-lhe «*Amigo*». Além disso, vimos como este, depois de Cristo ter sido aprisionado, tentou por todos os meios barrar as consequências do seu ato. No Antigo Testamento, conta-se como o patriarca José perdoou generosamente aos seus irmãos, que o tinham vendido como escravo por vinte moedas de prata: *A vossa intenção era fazer-me mal, mas*

Deus tirou daí um bem; era para conservar a vida de um grande povo, como efetivamente aconteceu (Gn 50, 20). O pecado de Judas foi, sem dúvida, infinitamente maior do que a vergonhosa transação dos irmãos de José, mas qual não terá sido o triunfo do Sangue de Cristo, derramado em remissão dos pecados, se, no longo caminho que conduzia da árvore do enforcamento até ao Tribunal de Deus, conseguiu alcançar e perdoar o traidor?

A verdade é que nada sabemos com certeza acerca desse juízo. A traição de Cristo ergue-se como um impressionante monumento da perversidade humana, se Judas se condenou; mas levanta-se como um memorial assombroso da Misericórdia divina, se chegou a encontrar a salvação.

O lugar que Judas ocupou no Colégio dos Doze permanece como uma mancha tenebrosa. Por que terá o Senhor chamado a esse pequeno círculo alguém que havia de cair da árvore como um fruto verde, completamente inútil e sem proveito?

Judas fora chamado ao Apostolado da mesma maneira que os outros; também ele devia ser testemunha de Jesus Cristo, tal como os outros Onze. E, embora só conheçamos uma única frase da sua pregação, essa frase é de certa forma muito mais definitiva e impressionante do que as de todos os outros: «*Pequei, vendendo o sangue inocente!*» Ele, o Apóstolo angustiado pela culpa, haveria de testemunhar à humanidade inteira a inocência do seu Mestre. Os outros Apóstolos foram claras estrelas que deram testemunho da luz que brilhava em Cristo; mas o Iscariote foi a noite, e o grito da noite é o testemunho mais dilacerante da luz. Este é o alcance do pecado de Judas!

Jesus-Judas: um abismo de luz e um abismo de trevas. No mistério de Judas podemos contemplar, cheios de preocupação e temor, o que trazemos oculto nos nossos próprios corações; porque a traição ao Senhor está ao alcance de qualquer discípulo. Confiadamente olhamos para o abismo do amor de Cristo, que se levanta como a aurora depois da noite. Judas vendeu o Sangue inocente com o maior dos pecados; Jesus, com o mais infinito dos amores, derramou o seu Sangue inocente para o perdão dos pecados.

Que o sangue de Nosso Senhor Jesus Cristo guarde as nossas almas para a vida eterna. Amém.

Comentário
JUDAS E PEDRO

Rafael Stanziona de Moraes

A queda de Judas representa para nós uma advertência. Assim o afirma o autor, com toda a razão. Com efeito, causa vertigem pensar que um homem bom, escolhido e preparado por Deus para realizar uma grande missão, um homem que conviveu intimamente com o próprio Jesus e que tinha todas as condições para ser fiel até o fim e muito santo, tenha caído tão fundo.

Essa advertência torna-se ainda mais forte, se nos lembrarmos de que não foi só

Judas que traiu. Os outros Apóstolos, também traíram o Senhor, embora de outro modo, e até o próprio Pedro, o Príncipe dos Apóstolos, traiu Cristo. Ele que tinha recebido a missão de ser a rocha incomovível sobre a qual se deveria edificar a Igreja ao longo dos séculos, negou covardemente o Senhor.

Judas e Pedro. Duas histórias que nos colocam diante do mistério do mal, dos abismos de maldade que existem no coração de todo o ser humano. Sem dúvida, uma advertência importante.

Um paralelo

As quedas de Judas e de Pedro apresentam um grande paralelismo. Em ambos os casos, houve uma longa história de claudicações que culminaram quer na traição, quer na negação. Mas há também diferenças significativas.

Judas, antes de cair, corrompeu-se totalmente. No início, seguia Jesus com retidão. Havia na sua alma, como na dos outros Apóstolos, ambições humanas alheias à missão de Cristo e interesses pessoais mesquinhos, mas estavam num segundo plano; o que importava acima de tudo era colaborar com o Senhor.

No entanto, com o passar do tempo, essa situação foi-se invertendo: as ambições pessoais de Judas, não devidamente subjugadas à medida que «erguiam a cabeça», foram pouco a pouco ganhando terreno até que, em dado momento, o Apóstolo percebeu com nitidez que a proposta de Jesus não se coadunava em absoluto com elas. Então, em lugar de retificá-las, preferiu mantê-las e colocá-las em primeiro lugar na sua vida. Em hipótese alguma teria conseguido responder como os filhos de Zebedeu: «Podemos», se tivesse sido convidado como eles a beber do cálice da Cruz. Ou talvez o tivesse feito... mentindo.

A partir daí, foi-se desenvolvendo na sua alma um processo de infecção generalizada pelo câncer de um tremendo egoísmo. Seu coração foi-se endurecendo e distanciando aceleradamente de Cristo. A sua consciência foi-se embotando: começou a roubar o dinheiro da bolsa da que era encarregado, e, perdida a confiança em Jesus, passou a olhá-lo com olhos cada vez mais críticos, até chegar, após sucessivas decepções, a odiar Aquele a quem tanto admirara. Finalmente veio a traição vil.

Pedro, pelo contrário, nunca perdeu essa retidão interior. Começou a seguir Jesus num arranque abnegado de generosidade, por amor. E por amor seguiu-o até ao fim. No entanto, a sua natureza generosa e ardente era frágil, e Pedro, apesar de tantas advertências carinhosas mas claras de Cristo, preferiu ignorá-las presunçosamente.

E foi essa presunção que o perdeu. O seu itinerário até à queda correu pela linha das atitudes de autosuficiência, das «desafinações» em relação ao espírito do Mestre, que a longo prazo apontavam para a infidelidade em situações extremas. E assim chegou à sua tríplice negação.

Pedro, tal como Judas, tinha uma visão demasiado humana da sua missão e do próprio Cristo. Não atribuía a devida importância à oração — Jesus tivera que censurá-lo no Horto das Oliveiras por ter adormecido e deixado de vigiar em sua companhia —; frequentemente julgava sem a perspectiva da fé — movido por um carinho superficial e emotivo por Cristo, tentara demovê-lo do cumprimento cabal da vontade do Pai no sacrifício da Cruz —; pensava presunçosamente que nunca abandonaria o seu Mestre, ainda que todos os outros o fizessem. O resultado foi que, na noite da Sexta-feira Santa, num gesto atrevido em que se misturavam amor e presunção, seguiu Jesus até à casa do Sumo-sacerdote, o reduto do inimigo, e foi surpreendido pela própria fraqueza, caindo, impotente, nas três negações.

Estamos, portanto, diante de duas modalidades de queda, ambas inquietantes. Uma, a de um homem que era bom e que se deixou corromper por ambições egoístas até à mais completa dureza de coração; e a outra, a de um homem igualmente bom, que sem deixar de ser reto chegou, por presunção, a tornar-se extremamente vulnerável.

O coração endurecido

A história de Judas adverte-nos para o perigo da falta de pureza de intenção que nasce do egoísmo. É muito comum que os nossos ideais mais elevados estejam misturados com intenções egoístas de avareza, de vaidade, etc. Aconteceu com a maioria dos Apóstolos, que, embora quisessem honestamente colaborar com a instauração do Reino de Deus, tinham também pretensões menores de vaidade: quantas vezes não teve Jesus que corrigi--los por estarem discutindo sobre qual deles seria o maior, sobre postos de honra, sobre quem se sentaria à sua direita ou à sua esquerda! Aconteceu também com Judas. Só que, nos outros Apóstolos, essas pretensões e as suas inevitáveis consequências más não levaram à ruína final e, em Judas, sim. Porque os outros souberam combatê-las à medida que se iam manifestando, e Judas não se preocupou com isso. Deixou-se dominar por elas e, como consequência, corrompeu-se.

Quantos casos destes não conhecemos! Certamente em muito menor escala, mas com a mesma raiz. Pensemos, como um de tantos exemplos, no jovem profissional que inicia a sua carreira, cheio de sonhos e de projetos para o futuro. Quer aprender, quer progredir. Certamente, pelo desejo nobre de prestar um serviço qualificado à sociedade e de conquistar uma posição confortável para a família recém-constituída; mas também pelo desejo de prevalecer sobre os colegas, de conquistar *status*, de sentir a satisfação orgulhosa da própria capacidade de trabalho. Está na mesma situação que Judas no início do seu apostolado, e corre, como ele, o risco de corromper-se.

Se não estiver vigilante, tenderá a polarizar-se no exercício da sua profissão e a tornar-se escravo de uma ambição desordenada. Começará a desentender-se da família, ficando — sem necessidade — até mais tarde no emprego com excessiva frequência. E, se mulher e filhos vierem a reclamar da sua ausência, responderá indignado que, se se ausenta, é apenas para conseguir o dinheiro de que «eles» necessitam. Depois, passará a preferir uma *happy hour* em companhia dos colegas ao descanso junto aos seus. Não tardará a vir a amizade colorida com a companheira de escritório, cuja conversa amena, em sintonia com a sua mentalidade e as suas reais preocupações, parecerá muito mais atraente que a da esposa.

Paralelamente, o sadio companheirismo no ambiente de trabalho dará lugar à concorrência, ao mesquinho jogo de influências. Depois virão as injustiças, as faltas de lealdade, as «puxadas de tapete». E assim, se não refreia o egoísmo, retificando constantemente a intenção, o nosso jovem idealista, com o tempo, acabará por converter-se em mais um profissional medíocre, separado da esposa, desiludido da vida, velho aos quarenta anos.

A queda de Judas adverte-nos também para o perigo ainda mais insidioso de um falso seguimento de Cristo, de uma religiosidade interesseira. É o caso daqueles que, sem extraírem do Evangelho o seu conteúdo profundo, revestem a própria vida com um verniz de cristianismo. Pretendem assim estar quites com Deus e evitar quaisquer represálias da sua parte. Não roubam, não matam, talvez não cheguem ao adultério manifesto, mas não têm escrúpulos quando se trata de desonestidades veladas, de um «caso» discreto ou de um «flirt» carregado de maus desejos. Não fazem mal a ninguém, mas não vivem a caridade, omitem-se, não fazem quase nenhum bem. Quando muito, observam algumas práticas religiosas. Rezam, mas jamais se interessam por conhecer a sua fé a fundo, por buscar uma amizade crescente com Deus, pela oração sem anonimato e pelos sacramentos. Procuram a Deus apenas na medida em que isso os leva a sentir-se bem, a obter consolo, socorro e «cura» nas suas dificuldades. Querem conquistar a proteção e a ajuda de Deus, sim, mas para poderem, às custas dEle, viver a *sua* vida, com os *seus* projetos de realização egoísta, fechando os ouvidos ao que Deus possa pretender deles. Ou seja, cometem o mesmo pecado de Judas *no seu coração*: em vez de servir a Deus, servem-se de Deus.

São os mesmos que, após um período mais ou menos longo de prática religiosa em épocas de bonança e de prosperidade, se escandalizam quando chega o sofrimento, quando vem a Cruz. Ante o fracasso nos negócios, a dor de uma doença grave ou a morte prematura de um familiar, afastam-se desiludidos, ressentidos, amargurados. E podem facilmente terminar na revolta aberta contra Deus, na mais completa traição ao ideal religioso que um dia acalentaram.

Ainda uma última lição da história de Judas. É preciso precaver-se contra a perigosa armadilha da deformação da consciência. O processo de endurecimento do coração de Judas correu paralelo a um progressivo embotamento da consciência que o levou à cegueira. Porque é evidente que Judas estava cego quando vendeu Jesus. Foi por culpa sua que ficou assim, mas já estava cego. No seu triste caminho de corrupção moral, chegou, como já diz o autor, a desconfiar de Jesus, a vê-lo como alguém perigoso para os legítimos interesses do povo judeu. E portanto deve ter pensado que entregá-lo aos seus inimigos não seria um mal. O autor cita vários argumentos que lhe podem ter ocorrido nesse sentido. Aliás, se não fosse assim, dificilmente se explicaria a sua reação de desespero quando descobriu claramente que estava enganado.

Mesmo quando se leva uma vida ruim, se se conserva uma consciência clara, é difícil chegar ao extremo a que chegou

Judas. O que é realmente perigoso é a cegueira de uma consciência deformada. É essa cegueira que pode fazer com que pouco a pouco nos tornemos muito duros de coração, sem percebermos com nitidez que estamos passando por um processo de corrupção. Só ela pode fazer que alguém acorde um belo dia e descubra, com amarga surpresa, que perpetrou uma terrível traição, que agiu como um canalha, como Judas.

Quando se deforma a consciência? Quando se despreza a luz que Deus nos dá para vermos que precisamos retificar em algo a nossa conduta, e não o fazemos. Durante todo o tempo em que a alma de Judas se ia enchendo de trevas, Jesus não deixou de estimá-lo muito e de tentar ajudá--lo. Deu-lhe muitas oportunidades de arrepender-se do seu egoísmo interesseiro quando o seguia somente para obter vantagens pessoais, e, depois, de arrepender-se dos seus desígnios de traição. Comenta São Tomás More que o Senhor «não o arrojou da sua companhia. Não lhe tirou a dignidade que tinha como Apóstolo. Nem lhe tirou a bolsa, e isso apesar de ser ladrão. Admitiu-o na Última Ceia com os demais Apóstolos. Não hesitou em ajoelhar-se e lavar com as suas inocentes e sacrossantas mãos os pés sujos do traidor, símbolo da sujidade da sua mente [...]. Finalmente, no instante supremo da traição, recebeu e retribuiu o beijo de Judas com serenidade e com mansidão»[1]. Cada uma dessas delicadezas do Senhor terá feito estremecer a alma de Judas, terá representado uma luz que mostrava claramente a bondade do Mestre e a baixeza do seu comportamento. Mas ele estava cego.

---

(1) São Tomás More, *A agonia de Cristo*, com. a Lc 22, 47-48.

Hoje, se ouvirdes a voz do Senhor, não queirais endurecer os vossos corações (Hb 3, 7). A consciência deforma-se quando, ao escutarmos a sua voz, procuramos abafá-la por todos os meios, para não termos que reconhecer o nosso erro e podermos continuar a satisfazer os nossos egoísmos. Se essa resistência à graça se repete muitas vezes, a consciência vai sendo cada vez mais sufocada pelas mentiras com que tratamos de abafá-la, vai perdendo pouco a pouco a capacidade de sensibilizar-se ante o mal, e chega a julgar como correto aquilo que na verdade é equivocado.

Não será por termos deformado a nossa consciência que agora já não nos ferem a sensibilidade comportamentos que antigamente nos levavam a um vivo arrependimento? Não estará na nossa cegueira a causa de certas relutâncias em aderir plenamente aos ensinamentos da Igreja em temas morais e, mais concretamente, em temas de moral conjugal? É uma hipótese que devemos examinar honestamente, com toda a sinceridade. Se Judas tivesse refletido a fundo sobre a origem dos seus espíritos críticos com relação a Jesus, talvez tivesse notado a relação desses pontos de desconfiança com a pertinácia das suas pretensões egoístas, talvez tivesse reparado que tantas vezes tivera que forçar a própria consciência com desculpas inconsistentes. Provavelmente, com a graça de Deus, teria podido sustar o processo de endurecimento do seu coração e evitado o desenlace fatal.

O coração enfraquecido

Da queda de Pedro devemos, em contrapartida, aprender a fugir da presunção. Aprender que mesmo um homem reto, que continua a pôr Deus em primeiro lugar no seu coração, pode cair em faltas muito graves se não se esforça por estar muito unido a Ele, seguindo Cristo de perto; ou seja, se não combate energicamente as pequenas claudicações do seu modo de ser e não se apoia na força da graça — na oração, na confissão, na Comunhão...

Em certo sentido, as negações de Pedro chamam mais a atenção que a traição de Judas, porque, no caso deste último, é evidente que houve um lento processo de deterioração que preparou a queda ruinosa, ao passo que, no caso do primeiro, *aparentemente*, o tropeço chegou de repente. Essa aparente instantaneidade da queda poderia levar-nos à impressão fatalista de que não haveria modo de nos precavermos contra as tentações violentas, de que a nossa perseverança no bem estaria completamente à mercê de circunstâncias imprevisíveis. Mas a verdade, como apontávamos desde o início, é que também no caso de Pedro houve um tempo de maturação da queda, um período suficientemente longo em que ele teria podido notar a aproximação do perigo e tomado as providências necessárias para afastá-lo.

Pedro poderia ter notado que, à medida que se aproximava o momento da morte de Cristo na Cruz, a perspectiva dessa morte, que Jesus já afirmara repetidas vezes ser absolutamente necessária, o vinha deixando cada vez mais perplexo e tristonho. Poderia ter notado que ia crescendo no seu coração a relutância em aceitá-la. Poderia ter reparado que essa relutância estava tornando difícil a sintonia com o Mestre, o diálogo profundo com Ele. Que desse modo se iam entorpecendo no seu coração os desejos de um seguimento incondicional de Cristo, abalando-se assim as bases da sua lealdade. Poderia ter dado ouvidos ao Senhor quando

Jesus o advertiu do perigo da sua defecção. Poderia, em suma, ter percebido que se estava afastando de Cristo, que o estava seguindo «de longe», tornando-se portanto cada vez mais fraco. Não o fez por presunção — confiava demais em si mesmo — e, por isso, chegado o momento da prova, encontrou-se sozinho e desamparado, sem a ajuda de Cristo e da sua Santíssima Mãe, com a qual teria podido contar se tivesse crescido em humildade.

Na realidade, nunca há quedas «instantâneas». Como bem explica Chevrot, «a natureza não atua por golpes teatrais. Uma morte repentina é o resultado previsível de um lento desgaste do organismo; uma bancarrota do dia para a noite é a conclusão fatal de uma série de operações irregulares; o muro que desaba de repente estava deteriorado há muito tempo. Da mesma maneira, a queda repentina de uma alma no pecado só é repentina aparentemente; na realidade, é fruto de um obscuro trabalho anterior.

«A hora em que um cristão sucumbe à tentação raramente é aquela em que foi mais culpado, seja qual for a gravidade da sua falta em si mesma ou nas suas consequências. Esse cristão foi muito mais culpado antes do seu pecado, quando brincava com o fogo, quando, rejeitando debilmente o pensamento do mal, se familiarizava com ele. Ao longo desse tempo, os desejos do orgulho tornavam-se mais precisos, os apetites da sensibilidade chegavam a ser mais imperiosos ou os apelos do interesse convertiam-se numa ideia fixa. Foi suficiente, depois, uma ocasião imprevisível para que esse cristão renegasse subitamente a sua dignidade, as suas promessas e a sua fé»[2].

---

(2) Georges Chevrot, *Simão Pedro*, 2ª ed., Quadrante, São Paulo, 1990, p. 163.

Um homem reto somente cai se permitir que a sua alma passe por um processo de enfraquecimento que a torne vulnerável. É o que se dá, por exemplo, quando não se reage com prontidão e energia a pequenas faltas de honestidade no exercício da profissão, sob o pretexto de que se trata de «coisas de pouca monta», ou quando se deixam abertas tênues brechas no campo da fidelidade conjugal, pensando que não passam de desejos vagos, de devaneios da imaginação, quando se entra pelo caminho das desculpas para justificar faltas no cumprimento do dever, insinceridades, espíritos críticos, etc., etc. Ou seja, cai-se fundo se, por falta de humildade, não se dá importância aos pequenos deslizes.

Portanto, «vigiai e orai para não cairdes em tentação». *Vigiai*: procurando afastar as ocasiões de pecado, sem dar ouvidos às bravatas fanfarronas de uma autoconfiança orgulhosa; saindo rapidamente do terreno resvaladiço das pequenas fraquezas consentidas; apagando o fogo das paixões ruins quando está no início e pode ser facilmente debelado... E *orai*: mantendo um diálogo ininterrupto com o Senhor, que nos permita enxergar tudo com os olhos da fé, e garanta uma constante identificação da nossa vontade com a de Deus, enxertando a nossa fragilidade na sua fortaleza.

Por que a diferença?

A principal diferença entre as histórias de Judas e de Pedro está no seu desfecho. Os dois traíram, ambos se afastaram de Jesus. Mas Pedro terminou bem: reassumiu a sua condição de Apóstolo e chegou a ser a Rocha firme de que Deus necessitava para a sua Igreja. Ao passo que Judas terminou mal, num horrível suicídio. Por que essa diferença?

Porque, chegado o momento em que perceberam o próprio erro — esse momento sempre chega, por graça de Deus —, Judas ficou apenas no remorso, na humilhação que a tomada de consciência do pecado produz, e, por isso, desesperou; e Pedro, pelo contrário, foi além: chegou ao arrependimento, e o arrependimento o curou.

Que diferença entre o remorso humilhado e o arrependimento, a contrição! A humilhação do remorso consiste na decepção que sofremos a respeito de nós mesmos. A contrição é a dor — dor de amor — que sentimos por ter ofendido a Deus. A primeira encerra-nos no nosso eu, a segunda abre-nos para o Outro. Por isso, o simples remorso produz intranquilidade, tristeza, desespero e ruína; ao passo que o arrependimento leva à paz, à alegria, à esperança e à luta por mudar. O arrependimento cura e vivifica!

Resta apenas indagar por que Pedro se arrependeu e Judas não. Sem dúvida, o fato de Judas já estar totalmente corrompido no momento da queda e de Pedro ter continuado reto até o fim, contribuiu em boa medida. O caminho de volta era muito mais curto para o pescador do mar da Galileia. Mas foi outro o fator preponderante.

Mal terminaram as negações do Apóstolo, Jesus, que tinha estado na sala de audiências do Sumo-sacerdote, foi conduzido ao pátio onde ele se encontrava, e então, escreve São Lucas, *o Senhor voltou-se e olhou para Pedro...* (Lc 22, 61).

Aquele olhar durou apenas um instante, porque Jesus foi imediatamente arrastado pelos soldados, mas bastou para mudar completamente o coração do negador transtornado. Era um olhar carinhoso de censura serena, sem mágoa, de tristeza compassiva, que oferecia o seu perdão. Representou para o miserável Simão o encontro decisivo com os abismos infinitos da misericórdia divina. Simão arrependeu-se porque se deixou penetrar por aquele olhar do Bom Pastor que procurava pela sua ovelha.

No momento da queda, Pedro esquecera-se completamente de Jesus, mas Jesus não se esquecera dele. Nunca se esquece do pecador. De algum modo misterioso, o seu olhar deve ter procurado também por Judas, no mesmo momento da traição. E até o próprio Judas se teria arrependido se não se tivesse encerrado na carapaça do seu orgulho.

* * *

Todos podemos trair. Se é verdade que há no coração do homem uma natural inclinação para o bem, também é verdade que o pecado original e os pecados pessoais produzem uma inegável inclinação para o mal. Somos capazes *«de todos los horrores y todos los errores»*, como sublinhava Mons. Escrivá. Mas, se tivermos uma atitude de honrada sinceridade para com Deus e de humildade para evitar a presunção, é muito mais difícil que cheguemos às grandes traições. Podem-se evitar tanto o endurecimento do coração como as quedas repentinas por fraqueza. E, mesmo que falhemos, sempre resta o recurso infalível à misericórdia de Deus. Aliás, a vida cristã consiste precisamente num contínuo começar e recomeçar, fazendo de cada vez que se cai um ato de contrição como Pedro, que *chorou amargamente*. O grande perigo não está em cair, mas em não tornar a levantar-se.

Direção geral
Renata Ferlin Sugai

Direção editorial
Hugo Langone

Produção editorial
Juliana Amato
Gabriela Haeitmann
Ronaldo Vasconcelos

Capa
Gabriela Haeitmann

Diagramação
Sérgio Ramalho

ESTE LIVRO ACABOU DE SE IMPRIMIR
A 28 DE NOVEMBRO DE 2023,
EM PAPEL OFFSET 90 g/m².